글 밸러리 와이어트
어린이를 위한 책을 만드는 편집자이자 작가로, FAQ 날씨 협회에서 주관하는 2000년 과학상과
2004년 톰 페어리 편집 우수상 등 어린이책 논픽션 부문에서 열네 개의 상을 수상했어요.
쓴 책으로 《소녀 그리고 셈할 줄 아는 이들을 위한 수학》《소녀 그리고 알고 싶은 게 많은
이들을 위한 과학》《외계인 데이노이드의 지구인 관찰 보고서》 등이 있어요.

그림 프레드 릭스
'릭&카레니스탄'이라는 가상 국가를 자신의 집에 만들고 그 안에서 그림책 그림을 그리며
살고 있어요. 이 나라의 또 다른 국민으로는 남편 릭 머피와 휘핏 종 개 두 마리, 앵무새 네 마리가
있어요. 〈뉴욕타임스〉와 《사이언티픽 아메리칸》에 그림이 실리기도 했어요.

옮김 장선하
대학에서 영어영문학을 공부하고, 영어 문장 하나를 여러 가지 우리말 문장으로 바꿀 수 있는
매력에 빠져 번역을 시작했어요. 현재 번역 에이전시 엔터스코리아에서 전문 번역가로 활동하고 있어요.
옮긴 책으로 《인디아나 존스 레이더스》《세 살부터 평생 가는 내 아이 경제교육》《마음 처방전》
《탐정 가이드북》《십대들을 위한 인성교과서 선택》《주먹왕 랄프》 등이 있어요.

추천 박성혁
서울대학교 사범대학 사회교육과를 졸업하고 같은 대학원에서 석·박사학위를 받았어요.
한국사회과교육학회 편집위원장과 한국법교육학회 편집위원장, 교육부교육과정 심의위원, 재단법인
자녀안심하고 학교보내기운동 국민재단이사로 활동하면서 현재 서울대학교 사범대학 사회교육과에서
학생들을 가르치고 있어요.

토토 사회 놀이터

토토 사회 놀이터는 교과서 속 사회 지식을 재미있게 풀어낸 그림책 시리즈입니다. 초등학교 저학년 어린이들이 사회와
친해지고 스스로 정치와 경제, 법 등을 탐구하여 사회 전체의 흐름을 파악할 수 있도록 쉽고 재미있게 구성되어 있습니다.
토토 사회 놀이터에서는 사회도 놀이가 됩니다.

내가 나라를 만든다면?

교과서 속 **사회 지식**을
쉽고 재미있게 배워요!

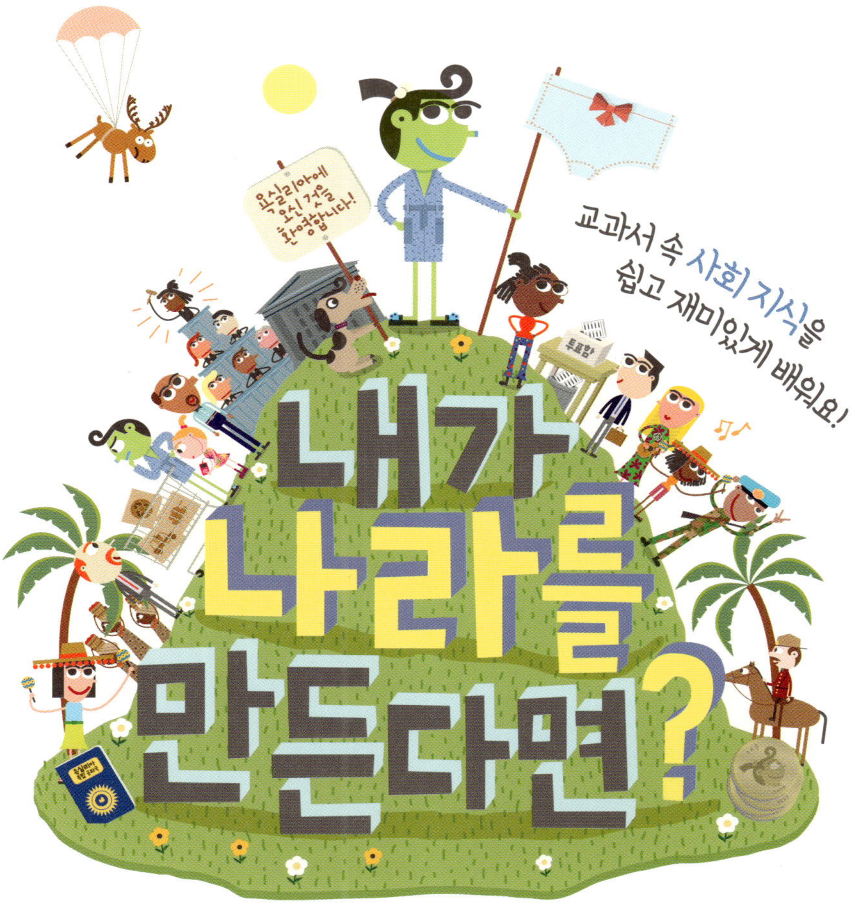

글 밸러리 와이어트 | 그림 프레드 릭스
옮김 장선하 | 추천 박성혁(서울대 사회교육과 교수)

차례

나만의 나라를 만드는 방법 6

새 나라 알리기

땅 찾기 10
나라 이름 짓기 12
국민 모으기 15
국기 만들기 18
건국 이념 정하기 20
국가 만들기 22

나라 다스리기

정부 만들기 26
선거하기 28
헌법 만들기 32
법률 만들기 35
세금 걷기 38
돈 만들기 42
공휴일 정하기 46

이웃 나라 만나기

이웃 나라 둘러보기 ········· 50
단체에 가입하기 ········· 53
평화 지키기 ········· 56

모든 준비는 끝났다! ········· 60

육실리아 독립 공화국을 소개합니다! ··· 62
내가 만든 나라를 소개할게요! ········· 63
한눈에 보는 나라 만들기 ········· 64
용어 설명 ········· 66

나만의 나라를 만드는 방법

우연히 주인 없는 작은 땅덩어리를 발견했나요?
기대해도 좋아요! 그 땅은 여러분의 나라가 될 수 있어요!
비록 욕실 매트만 한 작은 땅이라고 해도 분명 여러분의 나라를 만들 수 있어요!

아무리 생각해도 그런 일은 없을 것 같다고요? 물론 그렇게 생각할 수 있어요.
전 세계 여러 나라들이 지구의 99.999999%를 차지하고 있으니까요.
하지만 전혀 불가능한 일은 아니에요.
구석구석 잘 찾아보면 어느 나라에도 속하지 않은 부스러기 땅들이 있거든요.

정말이에요! 1967년 패디 로이 베이츠는 제2차 세계 대전 때 버려진 요새에
시랜드라는 나라를 만들었어요. 영국은 자신들의 땅이라고 우겼어요.
하지만 법원에서는 이 요새가 영국의 바다 밖에 있고, 주변 나라들도 자기 땅이라고
주장하지 않기 때문에 누구나 차지할 수 있다는 판결을 내렸답니다.
오늘날 시랜드는 자기들만의 국기와 국가, 좌우명, 심지어 우표와 동전까지 있어요.
시랜드의 로이 왕자(지금은 이렇게 불러요)가 할 수 있다면 여러분도 할 수 있어요!

아무것도 없는 상태에서 어떻게 나라를 만드냐고요?
처음에는 막막하고 어렵게 느껴지겠지만,
알고 보면 하나, 둘, 셋을 세는 것만큼이나 쉽답니다.
자, 이제 시작해 볼까요?

1 나라를 알려요!

땅을 찾아 나라 이름을 짓고 국기와 화폐, 국가를 만들어 새 나라를 널리 알려요. 그래서 여러분이 만든 새 나라를 지도에 올리는 거예요!

2 나라를 다스려요!

정부를 세워 헌법과 법률을 만들고, 경제도 일으켜야 해요. 이런 준비를 하지 않으면 나라를 제대로 다스릴 수 없어서 엉망진창 나라가 되고 말 거예요.

3 이웃 나라를 만나요!

가난과 지구 온난화, 세계 평화와 같은 전 세계의 공통 문제를 해결하기 위해 다른 여러 나라와 힘을 합쳐야 해요.

새 나라 알리기

여러분만의 나라를 만들려면 제일 먼저 여러분의 나라를
세상에 알려야 해요. 우선 땅을 찾아 새 나라의 특징을 보여
줄 수 있는 나라 이름을 정하고 국기와 건국 이념, 국가를 만들면
"우리 나라는 여기에 있어요!"라고 알리는 데 큰 도움이
될 거예요. 그래야 국민을 모으는 데 도움이 되고 관광객들도
올 테니까요. 예를 들면 욕실리아는 비록 욕실 매트만 한 작은
나라이지만, 국기를 보면(나라에서 법으로 정한 머리 모양도 있어요)
얼마나 깨끗하고 정돈된 나라인지 알 수 있어요.

땅 찾기

나라를 알리기 전 가장 먼저 해야 할 일은 땅을 찾는 거예요. 나라를 세울 땅을 찾기가 어렵다고요? 걱정하지 마세요. 자기 나라를 만들고 싶어 하는 사람이라면 누구나 겪는 문제니까요. 자, 이제부터 이 문제를 해결할 방법을 알려 줄게요. 차근차근 잘 따라오세요.

① 자투리땅을 찾아요!

전 세계 여기저기에는 누구도 거들떠보지 않은 손톱만 한 땅들이 꽤 많아요. 예술가들이 세운 엘가 랜드-바가 랜드 왕국은 여러 나라의 국경 주변에 흩어져 있는 주인 없는 땅들과 영해가 아닌 바다를 찾아 만든 나라예요. 뉴 프리 스테이트 오브 캐롤라인은 1997년 그레고리 그린이라는 사람이 남태평양에 떠오른 아주 작은 산호섬을 발견해 세운 나라고요.

비록 여기저기 흩어져 있는 자투리땅을 모아 만든 마이크로네이션*이지만, 자기 땅이라고 선포했으니 분명 그들의 나라예요.

여러분도 이들처럼 누구에게도 속하지 않은 주인 없는 자투리땅을 찾아보세요.

② 분리 독립을 해요!

분리 독립은 이미 있는 나라에서 떨어져 나오는 것이라 새로운 나라를 시작하는 가장 확실한 방법이 될 수 있어요. 몰로시아 공화국은 케빈 보라는 사람이 미국 네바다 주에서 떨어져 나와 만든 마이크로네이션이에요. 국민으로는 네 사람과 세 마리의 개가 있고, 화폐와 우표를 판매하고 있어요. 아직 유엔에서 정식 독립 국가로 인정받지는 못했어요.

③ 가상의 세계로 눈을 돌려요!

나라를 만드는 데 땅이 꼭 필요하다는 법은 없어요. 인터넷 세계에만 존재하는 사이버 나라들도 있거든요. 리즈 스털링이 만든 리즈베키스탄이라는 사이버 나라는 1999년 없어지기 전까지 3년 동안 큰 인기를 누렸고, 한때 사이버 국민이 수천 명이나 되었어요.

✱마이크로네이션
개인이나 단체에서 만든 초소형 나라를 말해요. 실제로 영토를 가진 나라도 있지만, 가상 세계로 이루어진 나라가 많아요. 화폐와 국기, 국가, 여권, 우표를 만들어 쓰지만 국제 사회에서 정식 나라로 인정받지 못하고 있어요.

나라 이름 짓기

나라 이름을 지을 때 특별히 따라야 하는 규칙은 없어요.
나라의 분위기(콩고)나, 방위(남아프리카 공화국), 누가 나라를 다스리는지(스웨덴 왕국, 중화 인민 공화국) 등 다양한 특징이 드러나게 짓거든요. 또 짧고 단순한 이름(토고)도 있고, 길고 복잡한 이름(세인트빈센트 그레나딘)도 있답니다.

① 이름을 이름으로!

자신의 이름을 따서 나라 이름을 짓고 싶다고요? 음, 실제로 사람의 이름을 따서 지은 나라는 아쉽게도 별로 없어요. 그렇다고 안 되는 건 아니에요.

시몬 볼리바르는 그런 영광을 누린 몇 사람 중 한 명이지요. 그는 1825년 에스파냐의 지배에서 벗어나려는 사람들을 도와 독립을 성공시켰어요. 그래서 나라 이름을 그의 이름을 따서 볼리비아라고 지었지요. 꼭 자신의 이름을 넣어 나라 이름을 짓고 싶다면, 이름 뒤에 '-아'나 '-이아'를 붙여 보세요.

② 땅을 붙여 이름으로!

이번에는 이름 끝에 '-랜드'나 '-스탄'을 붙여 볼까요?('랜드'나 '스탄'은 땅이나 나라를 뜻하는 말이에요)

핑키스탄 연방

키르기스스탄, 카자흐스탄, 우즈베키스탄, 타지키스탄 등이 그런 의미로 지어진 이름이에요.

3 특징을 이름으로!

국민의 특징을 나라 이름으로 나타내는 방법도 있어요. 터키(Turkey)와 투르크메니스탄(Turkmenistan)에 중복해서 들어가는 투르크(Turk)는 '강한, 힘센'을 뜻하는 단어예요. 이름만 들어도 국민들이 무척 힘이 셀 것 같죠?

브레이브스탄(용기리아)나 레이지랜드(게으른스탄), 피플라리아(유명랜드)는 이름으로 어때요?

잠깐! 주의할 점이 있어요. 여기서 정한 나라 이름은 국가를 지을 때 사용될 거예요. 이왕이면 노래 가사에 넣어 부르기 좋은 이름이 더 좋겠지요?

이름 짓기 실전편

마음에 쏙 드는 멋진 나라 이름이 떠오르지 않나요? 그럼 아래에 나오는 표를 살펴보세요. '가'는 여러분 나라의 특징을 나타내는 말이고, '나'는 만들려는 나라의 종류를 적어 놓았어요. '가'와 '나' 중 마음에 드는 것을 골라 합쳐 보세요. 마음에 드는 게 없다면 추가해도 좋아요. 자, 나라의 이름이 완성되었나요?

가	나
☐ 날개 달린 연필	☐ 독립 공화국
☐ 활짝 웃음	☐ 연합국
☐ 거대 팬티	☐ 자치령
☐ 구급상자	☐ 왕국
☐ 살살 녹는 도넛	☐ 공국
☐ 창을 든 남자들	☐ 연방
☐ 지긋지긋 감기	☐ 여왕국
☐ 메달	☐ 제국
☐ 파란 양말	☐ 주권국
☐ 따끈따끈 밥	☐ 인민 공화국

이름을 바꾸고 싶나요?

애써서 지은 나라 이름이 사용하다 보니 마음에 들지 않나요? 걱정하지 마세요. 원래 사용하던 이름을 바꾼 나라들도 많으니까요. 심지어 여러 번 이름을 바꾼 나라들도 있답니다. 지금의 이란은 1935년까지 페르시아라고 불렸어요. 실론은 1972년에 스리랑카로, 오트볼타는 1984년에 부르키나파소로 이름을 바꾸었지요. 하지만 중요한 혁명이 일어나거나 나라를 다스리는 중심 세력이 바뀌지 않는 한 대부분의 나라들은 원래의 이름을 쓴답니다.

국민 모으기

국민이 꼭 많아야 하는 것은 아니에요. 더구나 욕실 매트 정도의 나라라면 더욱 숫자에 집착할 필요는 없지요. 그래도 한 명도 없으면, 그건 나라가 아니라 그저 욕실 매트에 그칠 뿐이니 다만 몇 명이라도 있는 게 좋겠지요? 먼저 가족들과 친구들에게 여러분 나라의 국민이 되어 달라고 얘기해 보세요. 만약 적극적인 협조를 얻지 못한다면 이런 방법을 생각해 볼 수도 있어요.

❶ 이민자 모으기

자기 나라에 살다가 더 나은 생활을 하고 싶어서 다른 나라로 옮겨 가는 사람을 이민자라고 해요. 이런 이민자를 적극 환영하면 더 많은 이민자가 여러분의 나라로 찾아오겠죠? 캐나다에서는 1900년대 초반 이민자들에게 공짜로 땅을 내주어서 그 소식을 들은 많은 이민자들이 몰려왔답니다.

❷ 힘으로 이웃 나라 차지하기

군대를 앞세워 힘으로 다른 나라를 차지하는 '정복'은 아주 위험한 방법이에요. 또 무기를 들고 쳐들어오는 나라를 맞아 줄 나라는 하나도 없지요. 그래서 힘으로 다른 나라를 차지하려면 강한 군대가 많이 필요해요. 더구나 정복당했다고 하더라도 영원히 그렇게 있을 나라는 없을 거예요. 멕시코는 1521년 에스파냐에 정복당했지만, 1821년 에스파냐의 통치자를 쫓아내고 독립을 선언했어요.

3 이웃 나라와 합치기

이웃 나라를 차지해서 여러분 나라의 일부로 삼는 '합병'은 정복과 비슷하지만 좀 더 평화적이고 합법적인 방법이에요. 하지만 정복당한 나라들과 마찬가지로, 합병에 기꺼이 찬성하는 나라는 거의 없어요. 자신들의 독립성을 포기해야 하니까요. 1976년 동티모르는 인도네시아에 합병되었지만, 동티모르 사람들이 끈질기게 싸운 결과, 2002년 독립에 성공했어요. 지금은 동티모르 민주 공화국이라고 부른답니다.

4 난민 환영하기

난민은 자기 나라에서 더 이상 안전하게 살 수 없어서 다른 나라로 떠나야 하는 사람을 말해요. 이런 난민을 적극 받아 주는 방법도 있어요. 받아 주는 것도 국민을 늘리는 방법이니까요. 미국과 호주, 캐나다, 프랑스를 비롯한 많은 나라가 베트남 전쟁 이후 보트를 타고 나라를 떠난 베트남 난민(보트피플이라고 불러요)을 환영했답니다.

옛날에는 왕이나 여왕이 여행을 떠나는 국민들에게 메모를 직접 써 주었어요. 그 사람이 여행지를 안전하게 지나갈 수 있도록 지나가는 곳의 관리에게 허락해 달라는 내용이었지요. 그 메모가 발전한 것이 지금의 여권이랍니다. 여권은 다른 나라를 여행할 때 자신을 증명해 주는 서류로 매우 중요해요. 요즘에는 범죄자들이 여권을 나쁜 목적으로 사용하는 일이 많아져 여러 가지 복잡한 안전 장치를 추가했어요.

여권 만들기 실전편

국기 만들기

가능하면 큼직하고 눈에 잘 띄고 아름다운 국기를 만들면 좋겠죠?
그래야 수도 한가운데에 걸어 두거나 군대가 행진할 때 바람에 나부끼는
국기를 보고 사람들이 애국심에 벅차 저절로 눈물이 차오를 테니까요. 세계 어디에
내놓아도 손색없는 국기를 만들고 싶다면, 다른 나라들의 국기를 살펴보세요.
그리고 여러분만의 고유한 특징을 추가하는 거예요.

① 배경 고르기

아래의 형태들을 살펴보세요. 두 가지를 골라 합쳐서 사용해도 좋아요.
국기를 만들 때는 단순한 것이 가장 효과적이라는 사실을 꼭 기억하세요.

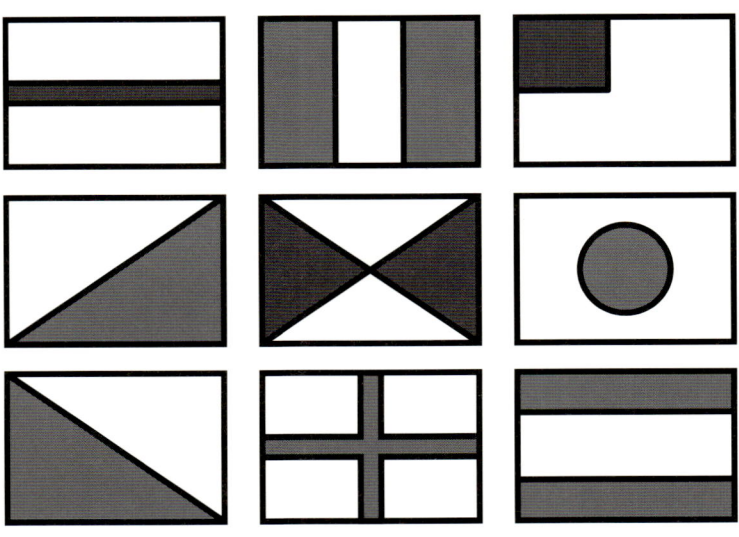

❷ 장식하기

별이나 특별한 문장, 나뭇잎, 혹은 동물도 좋아요. 여러분의 개성을 확실하게 보여 줄 수 있는 독특하고 재미있는 장식을 넣는다면 더욱 특별하겠죠?(무전기나 스케이트보드는 어때요?)

❸ 색깔 정하기

마지막으로 마음에 드는 색깔을 선택하면 드디어 완성이에요!

우리나라의 얼굴, 태극기

흰색
밝고 순수한 느낌으로 우리나라가 평화를 사랑한다는 뜻이에요.

태극 문양
우주 만물이 모두 어울리며 발전한다는 뜻이에요.

빨간색
밝음을 뜻해요.

파란색
어둠을 뜻해요.

4괘
건·곤·감·이를 말해요.
건 – 하늘, 봄, 동쪽
곤 – 땅, 여름, 서쪽
감 – 물, 겨울, 북쪽
이 – 불, 가을, 남쪽

건국 이념 정하기

건국 이념은 나라를 세우는 데 가장 이상적인 정신으로 그 나라의 꿈과 희망을 담고 있어요. 주로 세 단어로 이루어진 경우가 많아요. 때로는 똑같은 뜻의 단어 세 개를 나열하기도 해요. 아프리카 대륙에 있는 두 나라 부룬디와 차드의 건국 이념은 모두 "통일, 노동, 진보"로 똑같답니다.

쉽게 찾아볼 수 없고 흥미로운 건국 이념을 정하고 싶다면, 남들이 잘 사용하지 않는 내용은 어떨까요? 게으른, 지루한, 메스꺼운, 잔소리하는, 불평 많은, 지겨운, 욕심 많은, 까다로운 이런 단어들 중에 세 개를 고르는 거예요. 지금까지 이런 단어를 사용한 나라는 없었지만 특이하긴 하겠죠?

주로 세 단어를 쓰지만, 꼭 지킬 필요는 없어요. 보츠와나 같은 경우 비를 뜻하는 "풀라(Pula)"를 쓰는데 보츠와나 국민이 간절히 원하는 것이 무엇인지 분명하게 나타나거든요. 또 룩셈부르크는 "우리는 현재의 우리로 남고 싶다."처럼 한 문장으로 쓰는 나라도 있어요. 이처럼 건국 이념의 길이는 중요하지 않아요. 여러분의 나라가 가장 중요하게 여기는 것이 무엇인지 알려 주는 내용이면 충분하답니다.

욕실리아: 자유롭고 화려한 보푸라기

세계의 별별 건국 요표

대한민국: 홍익인간(널리 인간을 이롭게 함)
에스파냐: 보다 더 멀리
과테말라: 영원한 봄의 땅
네팔: 어머니와 조국의 대지는 천국보다 좋다
미국: 우리는 신을 믿는다
말리: 하나의 국민, 하나의 목표, 하나의 신념
그리스: 자유가 아니면 죽음을
싱가포르: 전진하는 싱가포르
캐나다: 바다에서 바다로
트리니다드 토바고: 우리는 함께 꿈을 품고, 우리는 함께 이룬다
인도: 진실만이 승리한다
프랑스: 자유, 평등, 박애
리투아니아: 국가의 힘은 단결에 있다

국가 만들기

국가는 나라를 상징하는 노래예요. 노래 부르는 것을 좋아하고 악기도 하나쯤 연주할 수 있다면, 국가 만드는 일은 훨씬 쉬울 거예요. 음악에 소질이 없어도 걱정할 필요는 없어요. 다른 나라의 국가를 살짝 '빌려 오면' 되니까요. 물론 여러분을 침략하지 않는 너그럽고 인심 좋은 나라를 고르는 게 좋겠죠?

국가를 만들 때 주의할 점

1. 드럼이나 트럼펫처럼 소리가 크게 울려 퍼지는 악기는 모든 종류의 음악에 특별한 매력을 더해 준답니다. 특히 웅장함을 주기 때문에 국가를 만들 때 사용하면 좋아요.

2. 모름지기 국가는 목소리가 좋든 나쁘든 목청껏 불러야 제 맛이에요. 정식 국가로 결정하기 전에 꼭 한 번 큰 소리로 불러 보세요. 2만여 명의 관중이 가득 들어찬 야구장이라고 생각하고 부른다면 더욱 좋겠지요.

3. 애국심을 느낄 수 있는 내용으로 만들어요. 영광, 자유, 승리, 명예, 용기, 조국, 고향, 힘, 진실과 같은 단어를 넣으면 가슴에 더 와 닿겠죠?

4. 귀에 쏙쏙 들어오고 기억하기 쉬운 멜로디를 골라요. 〈구슬비〉, 〈반달〉, 〈섬집 아기〉, 〈꽃밭에서〉, 〈고기잡이〉 이런 노래들은 어때요?

<구슬비> 노래를 바꿔서 불러 보아요.

이번에는 <반달> 노래를 직접 바꿔 볼까요?

송알송알 싸리잎에 은구슬
육실리아 세상에서 최고지

푸른 하늘 은하수 하얀 쪽배엔

조롱조롱 거미줄에 옥구슬
화려하고 자유로운 나라지

계수나무 한 나무 토끼 한 마리

대롱대롱 풀잎마다 총총
용감하고 아름다운 나라

돛대도 아니 달고 삿대도 없이

방긋 웃는 꽃잎마다 송송송
언제든지 어디서든 빛나지

가기도 잘도 간다 서쪽 나라로

우리나라의 자랑, 애국가

작자 미상 · 작곡 안익태

1절
동해물과 백두산이 마르고 닳도록
하느님이 보우하사 우리나라 만세
무궁화 삼천리 화려강산
대한 사람, 대한으로 길이 보전하세

2단계
나라 다스리기

나라를 다스리는 것은 금붕어를 기르는 일과 비슷해요. 꼬박꼬박 잘 챙기지 않으면 금붕어에게 끔찍한 일이 생기는 것과 마찬가지거든요. 물론 국민을 돌보는 일은 금붕어를 키우는 것보다 훨씬 중요하고 큰일이에요.

국민은 물고기처럼 먹이와 깨끗한 물만으로는 만족하지 않을 테니까요. 국민은 건강하고 풍요롭게 살기 위해 사법 제도, 정부, 경제와 같은 큰 부분부터 도로, 학교, 병원과 같이 생활에 필요한 작은 부분까지 많은 것을 기대한답니다. 국민이 건강하고 풍요로운 생활을 누린다는 것은 그만큼 나라가 안정적으로 발전하고 있다는 뜻이기도 해요.

정부 만들기

어쩌면 이런 생각이 들 수도 있어요. '나라를 다스리는 집단인 정부가 꼭 있어야 할까? 나 혼자서도 충분히 다스릴 수 있는데!' 하지만 역사를 살펴보면 혼자서 모든 권력을 차지하고 나라를 다스리려면 많은 위험이 따른다는 것을 알 수 있지요.

가 군주제
역사상 가장 오래된 정부로, 부모에게서 왕위를 물려받은 왕이나 여왕이 나라를 다스려요. (태국, 사우디아라비아 등)

나 신권 정치
신의 뜻을 전하는 통치자가 종교 경전을 토대로 나라를 다스려요. (이란 등)

다 독재 정치
한 당이 모든 권력을 쥐고 자기 뜻대로 나라를 다스리는 정부예요.

라 민주주의

국민이 권력을 가지고 그 권력을 스스로 행사할 수 있는 정부예요. 다른 정부와 달리 자신의 의견을 투표로 표현할 수 있지요. (한국, 미국, 캐나다 등)

많은 나라가 선택했어요!

대부분의 나라는 민주주의를 선택하거나 선택하고 싶어 해요. 국민이 국가의 주인으로서 권력을 행사할 수 있기 때문이지요. 물론 다른 정부 형태보다는 훨씬 자유롭고 공정하지만, 민주주의가 완벽한 정부는 아니에요. 투표로 내린 결정이 모든 사람에게 만족을 줄 수 없기도 하고, 소수의 의견이 무시될 수 있거든요. 여기에 쓰인 설명만 믿고 결정을 내리기보다는 국민의 반응을 살피고 결정하는 것이 가장 바람직할 거예요. 나중에 목이 잘릴 수도 있거든요.

선택하지 마세요!

어떤 정부를 선택하든지 사파르무라트 니야조프는 절대로 따라 하지 마세요. 그는 대통령이 된 1990년부터 2006년 사망할 때까지 투르크메니스탄 국민을 무척 괴롭히는 독재자였어요. "지구상에서 가장 돈 많고 강력한 미치광이"로 불릴 정도였지요.

니야조프는 국민을 교육하고 일자리를 만드는 데는 관심을 두지 않고(그가 대통령으로 있는 동안 무려 국민의 60%에게 일자리가 없었어요), 발레와 오페라, 턱수염 기르기, 인터넷, 차에서 라디오 듣기를 금지했어요. 또 요일과 달의 이름도 바꾸었지요(1월은 자기 이름, 4월은 어머니의 이름). 하지만 뭐니 뭐니 해도 가장 정성을 기울인 일은 나라 곳곳에 자신의 모습을 본뜬 황금 동상을 수백 개 세우는 일이었답니다. 국민의 지지를 받지 못했으니 자기 스스로 위대하다고 주장할 수밖에 없었겠지요.

선거하기

26쪽에 소개한 네 개의 정부 형태 중 민주주의 외에 다른 정부를 선택했다면 읽지 않아도 돼요. 어떤 선거도 치르지 않을 테니까요. 나라에 중요한 일이 생기면 모든 국민이 한 장소에 모여서 결정을 내리기가 어려워요. 그래서 보다 쉬운 방법으로 자신들의 뜻을 대신해 줄 대표자를 뽑아 중요한 일을 결정하게 한답니다.
이렇게 대표자를 뽑는 과정을 선거라고 해요.

대표자 뽑기

국민이 그때그때 일어나는 모든 문제에 대해 투표하는 것은 쉽지 않아요. 그래서 대표자를 뽑아 대신 정치하게 하는 '대의 제도'를 만들었어요. 하지만 대표자를 잘 뽑는 일이 무척 중요해졌지요. 대표자의 결정으로 나라가 발전할 수도 있고, 혹은 엉망이 될 수도 있거든요.

정당 고르기

선거는 대표자를 뽑는 일이지만 그 이상으로 중요한 의미가 있어요. 국민의 지지를 얻어서 대표자가 되기를 원하는 후보자들은 자기가 뽑히면 어떤 생각으로 어떻게 의사를 결정할지 국민에게 적극적으로 알려야 하거든요. 혼자서 하기 어려운 일들이 많기 때문에 생각이 같은 사람들끼리 모여서 정당을 만들기도 해요. 그래서 어떤 후보자를 선택하는 것은 그 후보자가 속한 정당의 생각에 찬성한다는 의미이기도 해요.

선거는 이렇게 해요!

❶ 후보자 등록

국민을 위해 일하기를 원하는 사람들이 선거 관리 위원회에 후보자로 등록해요. 등록할 때는 자신이 어떤 사람인지 알리는 서류를 내야 해요.

❷ 선거 운동

국민에게 자신이 대표가 되면 어떻게 일할 것인지 알리는 거예요. 혼자 하기도 하지만, 주로 정당과 함께 다양한 방법으로 홍보한답니다.

❸ 투표

투표자들이 누구를 대표로 뽑을지 선택하는 거예요. 투표자는 후보자들의 이름이 적힌 투표용지를 받아서 자신이 선택한 사람의 이름 옆에 표시해요. 대부분의 나라에서는 다른 사람이 투표 내용을 알지 못하게 비밀을 보장하는 비밀 선거를 한답니다.

❹ 개표 및 당선자 결정

투표함을 열어서 투표용지를 확인해요. 가장 많은 표를 받은 후보자가 국민의 대표로 뽑혀요.

가짜를 조심하세요!

민주주의 정부가 아니면서 민주주의인 것처럼 보이기 위해 선거를 치르는 나라들도 있어요. 또 민주주의 정부인 척 단체를 만들기도 하는데, 이런 단체는 이름만 있을 뿐 실제로는 의사 결정에 참여할 수 없답니다. 그런데 왜 이렇게까지 하냐고요? 민주주의 정부가 가장 이상적이라고 알려져 있기 때문이에요. 그래서 민주주의가 아닌 나라들도 민주주의인 척하려고 애쓰는 거랍니다.

선거에도 조건이 있어요!

보통 선거: 일정한 나이가 되면 누구나 선거에 참여할 수 있어요.

평등 선거: 여자든 남자든, 돈이 많든 적든 조건 없이 한 사람이 한 표씩 투표할 수 있어요.

직접 선거: 다른 사람이 대신할 수 없고 반드시 자신이 직접 투표해야 해요.

비밀 선거: 자신이 어떤 후보자를 뽑았는지 비밀로 해야 해요.

선거와 투표는 달라요!

선거는 일정한 조직이나 집단이 대표자를 뽑는 일이에요.

투표는 자기가 뽑고 싶은 사람의 이름이나 찬반의 의견을 투표용지에 적어 내는 일이에요.

예를 들면, 학급의 반장을 뽑는 일은 선거이고, 자신이 생각한 반장의 이름을 종이에 적어 내는 일은 투표예요.

개도 투표를 한다고?

미국에 사는 던컨은 2006년에 치러진 선거에 투표했어요. 문제는 던컨이 개라는 사실이었지요. 던컨의 주인 제인 발로그는 투표자를 등록하는 전화를 받고 던컨을 부재자 투표로 등록시켰어요. 부재자 투표는 주소지를 떠나 있는 선거인이 선거일에 직접 가지 않고, 우편으로 투표할 수 있는 방법이에요. 제인 발로그는 던컨의 발자국을 찍은 투표 용지를 우편으로 부쳤어요. 결국 들통이 나 처벌을 받았지만, 부정 투표가 얼마나 쉽게 이루어질 수 있는지 일깨우려고 제인 발로그가 일부러 꾸민 소동이었지요.

이런 사람은 조심하세요!

속임수 주의!

★ 일정한 나이가 되지 않았거나 그 나라의 국민이 아닌 사람

★ 특정 후보자에게서 자기를 찍으라고 강요를 받은 투표자

★ 특정 후보자를 찍으라며 뇌물을 받은 투표자

★ 정식으로 투표함을 열고 확인하기 전에 투표용지를 훔치거나 찢은 투표자

★ 투표를 하고도 또 하려는 투표자

★ 특정 후보자가 선출된 것처럼 표시되도록 개표 기계를 조작하는 사람

헌법 만들기

자, 대표자들을 뽑았으니 일을 맡겨 볼까요? 국민은 지금 쓰레기 처리 문제나 개인 주차 공간을 해결해 주기를 기다리고 있거든요. 이제 대표자들을 모아서 나라를 다스릴 준비를 해 봅시다. 본격적으로 나라를 다스리기 위해서는 헌법이 꼭 필요해요. 모든 나라에 헌법이 있는 것은 아니지만, 헌법이 있으면 매우 편리하거든요.

    헌법은 국민이 편안하고 안정적으로 살 수 있도록 도와주는 가장 기본이 되는 법이에요. 헌법에는 나라를 다스리는 데 가장 중요하고 기본적인 내용이 담겨 있어 최고의 법, 법 중의 법이라고 해요.

    또 가장 높은 법이라 다른 법률의 내용을 제한할 수 있어요. 예를 들어 헌법에 모든 국민은 금붕어를 키울 권리가 있다는 내용이 들어 있다고 해요. 그런데 금붕어를 키우지 못하게 하는 법률이 생겼다면, 헌법을 앞세워 그 결정을 뒤집고 금붕어를 계속 키울 수 있게 할 수 있지요. 종교나 표현의 자유와 같이 더 진지한 문제에도 똑같이 적용할 수 있답니다.

왜 이렇게 나무에 가지가 많냐고? 그래야 권력이 한곳에 치우치지 않고 골고루 나뉘거든. 민주주의에서는 권력이 한곳에 모이지 않고 골고루 나뉘어야 가장 좋은 효과를 거둘 수 있어.

욕실리아 독립 공화국 헌법

❶ 욕실리아는 법의 지배를 받으며, 개인의 권리를 중시하는 원칙을 바탕으로 건설되었다.

❷ 욕실리아의 모든 국민은 일정한 권리가 있다. 가장 중요한 권리로는 생명의 권리, 차별받지 않을 권리, 개인의 안전과 금붕어를 키울 수 있는 권리가 있다.

❸ 욕실리아의 헌법은 최고 법으로 다른 법률에 우선하며, 국민의 권리를 보장한다.

❹ 각 조직이 하는 일
욕실리아의 정부는 세 조직으로 이루어진다.

입법부
(법을 만드는 곳)

행정부
(법을 실행에 옮기는 곳)

사법부
(법을 집행하고 다툼을 해결하는 곳)

❺ 이 세 조직은 각기 책임과 권력을 갖는다.

❻ 이 헌법의 내용을 바꾸고자 할 때는 욕실리아 국민 3분의 2 이상의 동의를 얻어야만 한다.

헌법에 꼭 넣어요!

1. 나라의 기본 원칙
2. 국민 개개인의 권리에 관한 내용
3. 가장 높은 법으로서의 역할
4. 정부를 이루는 조직들에 관한 내용
5. 각 조직이 어떻게 협력하는지에 관한 내용
6. 훗날 헌법의 내용을 바꾸는 방법에 관한 내용

대한민국 헌법

제1장 총강

제1조 ① 대한민국은 민주 공화국이다.
② 대한민국의 주권은 국민에게 있고, 모든 권력은 국민으로부터 나온다.

(중간 부분 생략)

제2장 국민의 권리와 의무

제10조 모든 국민은 인간으로서의 존엄과 가치를 가지며, 행복을 추구할 권리를 가진다.

제11조 ① 모든 국민은 법 앞에 평등하다. 누구든지 성별·종교 또는 사회적 신분에 의하여 정치적·경제적·사회적·문화적 생활의 모든 영역에 있어서 차별을 받지 아니한다.

법률 만들기

법률은 뭘까요? 어떤 경기의 규칙을 생각하면 법률을 이해하는 데 도움이 될 거예요. 자, 규칙이 없는 축구 경기를 상상해 보세요. 선수들을 더 많이 참여시키고 싶다고요? 원하는 대로 하세요! 상대편 선수의 발을 걸거나 밀쳐도 될까요? 물론이에요! 이제 한 나라에 규칙이 없다면 어떤 일이 벌어질지 상상해 보세요.
어때요? 좀 필요하겠죠?

법률은 헌법 바로 아래에 있는 법이에요. 국민의 재산이나 안전을 보호하는 규칙 같은 거예요. 서로 다툼이 생기면 서로 화해해서 풀면 좋겠지만, 만약 서로 화해가 안 된다면 법률로 해결할 수 있어요.

법률을 만드는 일은 어렵지 않아요. 실행에 옮길 수만 있다면 무엇이든 가능하지요. 예를 들어 여러분이 생머리를 좋아하지 않는다고 가정해 볼게요. 그러면 생머리를 금지하는 내용의 법률을 만들어서 국민에게 알리고, 생머리인 사람들을 잡아서 감옥으로 보내는 거예요! 간단하죠?

하지만!

여러분의 국민도 다른 나라의 국민처럼 이치에 맞지 않거나 불공평한 법률은 따르지 않을 거예요. 단순히 생머리라는 이유로 감옥에 가둔다거나, 정부나 특정 종교를 비난했다는 이유로 감옥에 가두는 법률을 만들어서 지키라고 강요한다면 아무도 따르려 하지 않을 거예요.

국민은 자유와 재산, 자기 자신을 보호할 뿐만 아니라 '환경'과 같이 모두 함께 사용하는 것을 지키는 법률을 따를 거예요. 그러니 국민이 보다 나은 생활을 할 수 있는 법률을 만들어야 한다는 점을 꼭 기억하세요.

사실 법률을 만드는 일은 국민이 뽑은 대표자들에게 맡기는 것이 더 나을 거예요. 국민이 자신의 생각을 전달하기 위해 뽑은 사람들이므로 여러분 혼자서 정한 법률보다는 대표자들이 합의해서 통과시킨 법률을 따를 가능성이 훨씬 크거든요. 이것이 민주주의가 성공할 수 있는 또 다른 이유랍니다.

가짜 법률을 찾아라!

아홉 개의 법률 중 단 하나만 가짜예요. 어느 법률이 가짜일까요?

❶ **태국:** 속옷을 입지 않고 집 밖으로 외출하는 것은 불법이에요.
❷ **이탈리아:** 남성이 치마를 입으면 체포될 수 있어요.
❸ **호주:** 레스토랑에서 캥거루에게 음식을 먹이는 것은 불법이에요.
❹ **이스라엘:** 바닷가에 맥주를 가져가는 것은 불법이에요.
❺ **덴마크:** 누군가가 차 밑에 있을 때 차의 시동을 걸면 안 돼요.
❻ **미국 앨라배마 주:** 운전자가 자동차를 운전할 때 눈가리개를 하는 것은 불법이에요.
❼ **캐나다:** 공공장소에서 반창고를 떼면 안 돼요.
❽ **미국 알래스카 주:** 공중에 있는 비행기에서 살아 있는 말코손바닥사슴을 떨어뜨리는 것은 불법이에요.
❾ **미국 펜실베이니아 주:** 밖에 있는 냉장고 위에서 자는 것은 불법이에요.

정답은 68쪽에서 확인하세요!

재판하기!

법원은 법에 따라 재판을 담당하는 곳이에요. 대부분의 나라는 피라미드 형태의 사법 체계를 갖추어요.

대법원
우리나라 최고의 법원으로, 사건에 대해 마지막으로 판결을 내려요.

고등 법원
1차 판결을 받아들일 수 없는 경우 재판을 요청할 수 있어요. 이것을 2차 판결이라고 해요.

지방 법원
사건이 일어나면 제일 처음으로 판결해요. 이것을 1차 판결이라고 해요.

사건

세금 걷기

한 나라를 다스리는 일은 회사를 운영하는 것과 비슷해요.
고객이 바로 국민인 셈이지요. 여기에 쓰인 국민의 쇼핑 목록을 살펴보세요.
원하는 것을 많이 들어줄수록 국민은 더 행복해진답니다.

- ☐ 거짓말하지 않는 깨끗한 정부
- ☐ 밥 굶을 일 없는 안정적인 일자리
- ☐ 아파도 든든한 의료 보험
- ☐ 돈 걱정 없이 마음껏 공부할 수 있는 교육
- ☐ 막강한 군대(육군, 해군, 공군)
- ☐ 한 번으로 해결되는 간편한 서비스
  (우편 시스템, 여권, 주택 보조)
- ☐ 가난하거나 나이 든 사람들을 위한 생활 보조금
- ☐ 모두에게 평등한 사법 제도
- ☐ 편안한 생활을 위한 사회 시설
  (다리, 고속도로, 여객선, 공항, 통신 위성)
- ☐ 자유롭고 공정한 국내 및 국외 무역
- ☐ 다른 나라와의 원활한 외교 관계

국민이 원하는 것이 너무 많다고요? 너무 걱정하지 마세요. 이런 것을 준비하는 데는 국민이 내는 세금을 쓰면 되니까요. 그러나 국민이 내는 세금은 나라를 잘 운영하기 위해 쓰는 돈이라는 점을 꼭 기억해야 해요. 세금을 제멋대로 썼다가는 다음 선거에서 국민이 여러분을 인정사정없이 쫓아낼 것이 분명하니까요.

세금을 걷는 방법

① 돈을 쓸 때 세금을 걷어요.

여러 가지 물건을 살 때 세금을 매기는 거예요.
예를 들면 판매세, 재산세, 수입세 등을 말해요. 그러면 국민이
어떤 물건을 사거나 땅이나 집을 사도 세금을 내야 해요.

② 돈을 벌 때 세금을 걷어요.

개인이 일을 해서 번 돈이나 회사가 물건을 팔아 번 돈에 대해서 세금을 매기는 거예요. 예를 들면 소득세, 상속세, 법인세 등을 말해요. 소득이 많을수록 세금을 많이 내게 할 수도 있지요.

3 모두 걷어요.

원한다면 돈을 쓸 때와 벌 때 모두 세금을 매길 수도 있어요. 하지만 어떤 결정을 내리든지 국민이 내는 세금은 절대 여러분의 개인 돈이 아니라는 점을 기억하세요. 세금은 국민의 돈이므로 현명하게 사용해야 한답니다.

세금이 없는 나라

아무래도 세금을 걷는 것이 번거롭게 느껴지나요? 그렇다면 여러분의 나라를 조세 피난처로 만들어 보는 것은 어때요? 조세 피난처는 세금을 걷지 않거나 아주 적은 금액의 세금만 걷는 나라를 말해요. 현재 전 세계에서 스물여섯 개 이상의 나라가 조세 피난처로 이용되는데, 이런 나라들은 자신의 나라에 세금을 내지 않으려는 개인 또는 회사들을 끌어모으는 게 목적이에요. 그런 사람들이 와서 쓰는 돈으로 자기 나라의 수입에서 부족한 부분을 메우려 하거든요. 하지만 정상적으로 국민에게 세금을 걷는 나라들은 탐탁지 않게 생각해요. 자기 나라에 들어와야 할 돈이 다른 나라로 빠져나가는 것을 좋아할 나라는 없으니까요.

세계의 별별 세금

영국
침실세: 사용하고 있지 않은 침실에 대해 매긴 세금
벽난로세: 벽난로의 개수에 따라 매긴 세금
(아주 오래전에 매긴 세금 제도예요)

러시아
출산 기피세: 아이를 낳지 않는 부부에게 매긴 세금
수염세: 수염 깎기를 반대하는 귀족들에게 매긴 세금
(아주 오래전에 매긴 세금 제도예요)

로마
독신세: 결혼을 하지 않은 남자들에게 매긴 세금

아일랜드
소 트림 방귀세: 소가 트림을 하거나 방귀를 뀔 때 나오는 메탄가스가 지구를 오염시킨다 하여 매긴 세금

덴마크
비만세: 살이 찌기 쉬운 햄버거나 감자튀김, 탄산음료에 대해 매긴 세금

네덜란드
자동차 주행 부과세: 차를 많이 타는 사람들에게 매긴 세금

프랑스
공기세: 황제 루이 15세의 은혜로 신선한 공기를 마실 수 있다 하여 매긴 세금

우리나라의 세금

나라에서 걷는 세금, 국세!
소득세, 법인세, 부가 가치세, 개별 소비세, 주세, 상속세, 증여세 등 열세 개의 세금을 걷어요.

시청이나 군청, 구청 등 지방 자치 단체에서 걷는 세금, 지방세!
취득세, 등록세, 주민세, 재산세, 자동차세 등 열여섯 가지 세금을 걷어요.

가장 많이 내는 부가 가치세!
우리가 생활하면서 가장 쉽게 접할 수 있는 기본 세금이에요. 우리가 사서 쓰는 대부분의 물건은 물건 값에 세금이 포함되어 있어요. 연필이나 과자, 음료수 등에 부가 가치세가 포함되어 있는 것이지요.

세금이 붙지 않는 면세!
모든 물건에 세금이 붙지는 않아요. 쌀, 쇠고기, 배추, 꽃, 흰 우유를 비롯해 연탄, 책, 신문, 잡지 등에는 부가 가치세가 붙지 않아요.

돈 만들기

38쪽에 소개된 국민의 쇼핑 목록에서 직업이 두 번째였던 것을 기억하나요? 사람은 누구나 자기 자신과 가족을 돌보기 위해서 돈을 벌어야 해요. 그러므로 여러분은 국민이 열심히 일해서 돈을 벌 수 있도록 경제를 활발하게 움직여야 해요.

경제란 무엇일까요? 쉽게 말하면, 생활에 필요한 것들을 만들고 나누고 교환하고 쓰는 모든 활동을 말해요. 아주 오랜 옛날에는 필요한 것은 스스로 만들어 생활했기 때문에 경제가 필요하지 않았어요. 사냥하고 농작물을 기르고 집을 짓고 옷을 만들어 입는 등 필요한 것은 직접 해결했으니까요. 그러다가 하나둘 필요한 물건을 얻기 위해 물물교환이 이루어지면서 경제가 생겨났어요. 그 뒤 한 분야를 맡아서 하는 사람(돼지 기르는 사람, 농사짓는 사람, 차 파는 사람, 라디오를 만드는 사람, 웹 사이트를 디자인하는 사람)이 많아지면서 경제도 발전을 했답니다. 그러면 경제는 누가 맡을까요?

경제는 나라가 책임질게!

경제는 정부가 나서서 책임지고 도맡아 하기도 해요. 구소련(지금은 러시아와 여러 다른 나라로 나뉘었어요)은 1917년부터 1991년까지 정부가 경제를 관리했어요. 그 기간에 세계 최초로 우주 정거장을 만드는 우주 프로그램과 같은 큰 일을 세금으로 만들어 성공하기도 했지요. 하지만 튼튼한 경제를 세우는 데는 실패했어요. 정육점에서부터 옷 가게, 공장과 농장에 이르기까지 정부가 직접 나서서 모든 회사를 엄격하게 제한하고 간섭했거든요. 그 결과 먹을 것과 주택, 기름 등이 부족해져서 국민들은 큰 고통을 겪었어요. 결국 정부는 자신들의 판단이 실패했다는 것을 인정하고 회사들의 자유로운 경제 활동을 허락했답니다.

경제는 스스로 책임져야 해!

정부가 경제에 전혀 간섭을 하지 않기도 해요. 하지만 정부가 경제에 간섭하지 않을수록 회사들의 자유는 더 커지지요. 그 옛날 바이킹은 자신들의 경제 활동(약탈이라고 부르는 것이 더 맞겠지요)에 대해 정부의 간섭이나 통제를 거의 받지 않았어요. 9세기에 남의 물건을 강제로 빼앗는 약탈 행위를 일삼던 바이킹은 덕분에 부자가 되었을지는 몰라도, 결코 좋은 평가는 받지 못했답니다.

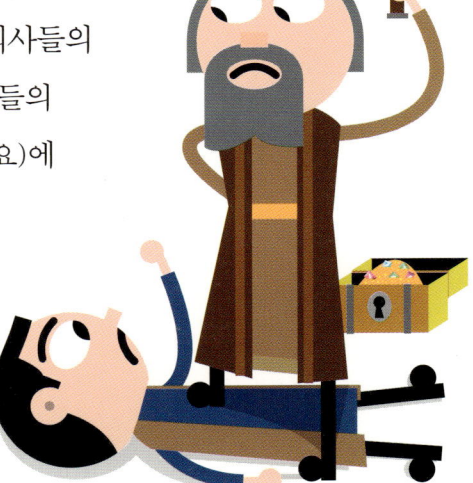

경제는 함께 책임지는 거야!

많은 나라들이 선택한 혼합 경제는 어때요? 혼합 경제는 회사의 자유로운 활동을 인정하면서 그 안에서 일어날 수 있는 다양한 경제 문제를 정부가 조정하는 경제를 말해요. 1920년대 미국의 회사들은 많은 이윤을 얻기 위해 상품을 아주 많이 생산했어요. 하지만 그 상품을 살 수 있는 돈 있는 사람은 없었지요. 상품이 넘쳐 회사에서는 생산을 하지 않게 되었고 그 바람에 상품을 만들던 사람들이 일을 그만두게 되었어요. 결국 회사들은 문을 닫게 되었고, 일자리를 잃은 사람들은 더욱 늘었지요. 결국 정부는 다리를 만들거나 강 유역을 개발하는 등의 공공 사업을 벌여 사람들에게 일자리를 마련해 주고 돈을 벌게 했답니다.

어떤 방법을 선택하든지 국민들이 풍요롭게 살 수 있는 경제를 만드는 책임이 여러분에게 있다는 점을 잊지 마세요.

무역도 균형이 필요해!

오늘날 많은 나라는 나라와 나라 사이에 물건을 사고파는 무역과 이익을 얻기 위해 돈을 들이는 투자를 하며 서로서로 가깝게 연결되어 있어요. 그러나 너무 지나치게 연결되어 몇몇 거대 기업의 배만 불려 주고, 정작 가난한 나라와 일한 사람들은 이익을 얻지 못하고 있어요. 그렇다고 다른 나라와의 무역을 금지하면 나라의 경제가 크게 성장하기 어렵고, 국민들도 넉넉하게 생활할 수 없답니다. 한쪽으로 치우치지 않고 적절하게 균형을 잡는 무역이 무엇보다 중요해요.

돈 만들기 실전편

자, 이제 누구나 벌고 싶어 하는 돈을 만들어 볼까요? 대부분의 나라에서는 돈을 만들 때 자기 나라의 왕이나 여왕, 또는 유명한 사람의 얼굴을 넣어서 만들어요. 하지만 꼭 그럴 필요는 없어요. 여러분의 나라에서 사용할 돈이니까 원하는 대로 자유롭게 만들어 보세요.

돈을 만들 때는 돈의 모양뿐 아니라 돈의 이름도 정해야 해요. '원', '달러', '유로', '크로네'는 지금 여러 나라에서 사용하고 있으니 다른 이름이 좋겠지요? '보우', '뱅', '세르'라는 이름은 어때요?

돈을 만들고 이름도 붙였다면 이제 돈의 가치를 정해요. 돈의 가치는 어떤 물건을 얼마나 구입할 수 있는지 따지는 거예요. 예를 들어 과자 한 봉지는 천 원으로 살 수 있는 가치가 있다는 식으로 돈은 물건의 가치를 정할 수 있어요. 또 여러분의 나라 경제가 얼마나 잘 돌아가고 있는지 헤아릴 수 있는 기준이 돼요. 경제가 어렵다면 돈의 가치도 떨어질 것이고, 경제가 활발하게 돌아간다면 돈의 가치도 그만큼 쑥 오를 테니까요.

세계의 별별 돈

우리나라의 원

미국의 달러

오스트리아·헝가리의 크로네

공휴일 정하기

지금까지 나라를 만드느라 고생 많았죠? 이제 다른 나라들을 만나고 함께 도움을 맺을 준비가 거의 다 되었어요. 본격적으로 이웃 나라들을 만나기 전에 잠시 휴식을 취하는 건 어때요? 여러분도 쉬어야 하겠지만, 나라도 휴일이 필요하거든요. 국민과 다 함께 놀이동산에 갈 수 없다면 집에서 파티를 즐기는 것도 좋아요.

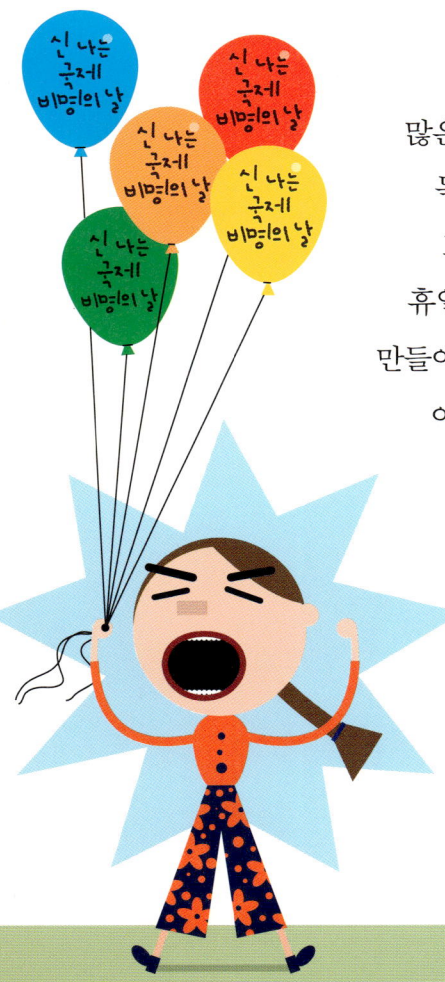

많은 나라들이 처음 나라가 세워진 건국 기념일이나 독립 기념일을 휴일로 정하고 축하 행사를 열어요. 또 나라에 중요한 업적을 세운 사람들을 기념하는 휴일을 만들기도 하지요. 가장 좋은 것은 어린이날을 만들어 휴일로 정하는 거예요. 터키에서는 어린이날에 어린이들이 국회 의사당을 차지하고 종일 신 나게 뛰어놀 수 있답니다.

1987년 캐나다 몬트리올에 사는 일곱 살 소년 에릭 리스가 만든 마이크로네이션인 애리칸 제국은 1년에 휴일이 무려 28일이나 돼요. 그중 10월 12일은 국제 비명의 날로, 낮 열두 시가 되면 온 국민이 밖으로 나와서 우스꽝스럽게 소리를 지른다고 해요.

세계의 별별 공휴일

일본
바다의 날 (7월 세 번째 월요일)
: 바다의 은혜에 감사하는 날이에요.

에스파냐
동방박사의 날 (1월 6일)
: 동방박사가 아기 예수에게 선물을 바친 날을 기념하는 날이에요.

중국
춘절 (음력 1월 1일)
: 우리나라의 설날에 해당하는 중국 최대의 명절로 가족의 화목과 행복을 기원하는 날이에요.

브라질
리우 카니발 축제 (2월 말에서 3월 초)
: 사순절(부활 주일 전 40일)이 되기 전 4일 동안 마음껏 먹고 마시는 축제예요.

남아프리카 공화국
화해의 날 (12월 16일)
: 인종 차별 없이 모든 사람이 함께 어울려 지냄을 기념하는 날이에요.

프랑스
제1차 세계 대전 휴전 기념일 (11월 11일)
제2차 세계 대전 종전 기념일 (5월 8일)
: 많은 아픔을 겪었던 세계 대전의 휴전과 끝남을 기념하는 날이에요.

독일
속죄의 날 (날짜는 매년 변동, 11월 경)
: 그동안 지은 죄에 대해 하느님께 용서를 구하는 날이에요.

미국
콜럼버스의 날 (10월 두 번째 월요일)
: 1492년 10월 12일 탐험가 콜럼버스가 아메리카 대륙을 발견한 것을 기념하는 날이에요.

우리나라의 공휴일

- **신정**: 1월 1일
- **설날**: 음력 1월 1일
- **삼일절**: 3월 1일
- **어린이날**: 5월 5일
- **석가 탄신일**: 음력 4월 8일
- **현충일**: 6월 6일
- **광복절**: 8월 15일
- **추석**: 음력 8월 15일
- **개천절**: 10월 3일
- **한글날**: 10월 9일
- **성탄절**: 12월 25일

이웃 나라 만나기

전 세계에는 196개의 나라가 있어요. 규모가 작은 자치령, 속국, 식민지를 비롯해 정식으로 나라라고 하기 어려운 곳까지 포함하면 이보다 훨씬 더 많지요. 이웃 나라를 잘 알아 두면 좋아요. 왜냐고요? 외딴섬처럼 혼자서 존재할 수 있는 나라는 없으니까요. 진짜 섬나라도 마찬가지고요.

우리는 커다란 세계를 이루는 한 부분이에요. 세계 평화와 지구 온난화, 재난 구조와 같은 공통 문제를 해결하기 위해 힘을 합쳐야 할 일이 많답니다. 그러니 자신 있게 손을 내밀어 이웃 나라에게 여러분의 나라를 소개하세요. 이제 이웃 나라를 만나러 가 볼까요?

이웃 나라 둘러보기

여러분의 옆집, 앞집에 사는 이웃들과 마찬가지로 이웃 나라들도 모두 제각각이에요.
여러분의 나라와 비슷한 나라도 있고 전혀 다른 나라도 있을 거예요.
나라도 사람처럼 모습과 크기, 성격이 모두 다르답니다.

크거나 작거나

세계에서 가장 큰 나라는 러시아예요. 땅의 크기가 1,709만 8,242제곱킬로미터로, 우리나라와 비교하면 약 171배 정도예요. 정말 어마어마하지요? 그리고 세계에서 인구가 제일 많은 나라는 중국이에요. 무려 13억 4,958만 5,838명이나 되지요.

반면에 로마에 있는 바티칸 시국은 세계에서 가장 작은 나라로 땅의 크기는 0.44제곱킬로미터이고, 인구는 약 800명으로 인구가 가장 적은 나라이기도 해요.

짧거나 길거나

2008년에 독립을 선언한 코소보는 최근에 생긴 나라 중 하나예요. 반대로 역사가 가장 긴 나라는 산마리노 공화국으로, 301년에 세인트 마리누스라는 석공이 만든 나라예요. 나라 이름도 그의 이름에서 따왔지요.

부유하거나 가난하거나

세계에서 가장 부유한 나라는 룩셈부르크이고, 가장 가난한 나라는 모잠비크예요. 한 나라에서 일정 기간 동안 만든 돈이 되는 물건이나 서비스의 가치를 돈으로 바꾸어 모두 합한 것을 국내 총생산(GDP)이라고 해요. 국내 총생산을 보면 그 나라가 얼마나 부유한지 가난한지 알 수 있어요. 룩셈부르크의 국내 총생산은 10만 6,958달러인 반면에 모잠비크의 국내 총생산은 651달러랍니다.

많거나 적거나

모나코는 세계에서 두 번째로 작은 나라로, 땅의 크기가 1.95제곱킬로미터예요. 하지만 인구는 땅의 크기에 비해 많아서 1제곱킬로미터당 1만 8,285명이나 되지요. 서울 여의도가 8.397제곱킬로미터 크기이니, 작은 땅에 얼마나 많은 사람들이 살고 있는지 알겠죠? 아프리카에 있는 나미비아는 땅의 크기가 82만 4,292킬로미터인 반면 1제곱킬로미터당 인구가 달랑 2.6명이랍니다.

생겼거나 사라졌거나

전 세계적으로 새로 생기는 나라도 많아지고, 다른 나라의 일부로 흡수되어 사라지기도 하는 나라도 있어요. 또 지구 온난화 때문에 바닷물의 높이가 점점 높아져 물에 잠겨 가는 나라들도 있지요. 남태평양 가운데에 있는 아홉 개의 낮은 산호섬으로 이루어진 투발루가 그렇답니다. 지금과 같은 속도라면 앞으로 50년 안에 섬나라 전체가 물에 잠겨 투발루의 국민은 새로운 나라를 찾아야 될 거예요.

땅이 없는 나라, 유고슬라비아

중부 유럽의 유고슬라비아는 1990년대 초반 나라가 여러 개로 쪼개지면서 지도에서 유고슬라비아라는 이름이 사라졌어요. 하지만 유고슬라비아 국민이 모두 조국을 잊은 것은 아니었어요. 1999년 인터넷 세계에만 존재하는 마이크로네이션 사이버 유고슬라비아가 탄생했거든요. 현재 1만 5,000여 명이 전 세계에서 국적을 취득했답니다.

사이버 국민은 특정한 정부가 없고 누구나 장관이 될 수 있는 사이버 유고슬라비아의 정책에 찬성했어요. 노을 장관, 오리 장관, 수영 장관 등 장관의 종류도 아주 다양하답니다. 사이버 유고슬라비아의 창시자 조란 바식은 사이버 국민이 500만 명에 이르면 유엔에 정식으로 가입을 신청하고, 실제로 나라를 세울 수 있는 땅도 요청할 생각이라고 해요.

단체에 가입하기

대부분의 이웃 나라는 여러분의 나라와 언어도 다르고 음식 문화와 고유 의상도 달라요. 하지만 전 세계에 영향을 미치는 문제를 함께 해결하기 위해서는 협력 관계를 맺는 것이 좋아요.

여러 나라의 국경을 통과하는 강을 깨끗이 청소하고 싶나요?

다른 나라를 괴롭히며 평화를 어지럽히는 나라를 막아야 하나요?

더 쉽게 물건을 사고파는 방법이 필요한가요?

이럴 때 같은 목표가 있는 나라들끼리 뜻을 모아서 단체를 만들면 좋겠죠? 이왕이면 단체 이름은 복잡하고 긴 것보다는 귀에 쏙쏙 들어오는 단순한 것이 좋아요.

나토(NATO)

나토는 1949년 영국, 프랑스, 미국, 캐나다 등 스물여덟 개의 나라들이 모여 안전을 지키기 위해 만든 북대서양 조약 기구(North Atlantic Treaty Organization)라는 단체예요. 나토라는 이름은 북대서양 조약 기구의 영문 이름에서 첫 글자만 따와 만든 이름이지요.

에코와스(ECOWAS)

아프리카 서부의 경제 협력 단체인 에코와스(Economic Community of West African States)는 경제 발전을 위해 열다섯 개의 나라들이 모여 만든 단체예요. 역시 영문 이름의 첫 글자를 따와 만든 이름이에요.

여러분도 이웃 나라와 힘을 합쳐 협력 단체를 만들고 싶다면 먼저 재미있는 이름을 생각해 보세요. 그리고 그 이름을 바탕으로 정식 이름을 만드는 거예요. 호호(호화로운 호텔 만들기 연합 국가), 썩토주(썩은 토마토 주권 국가, 토마토를 기르는 나라들이 만든 단체로, 토마토가 너무 많이 열려서 제때 처리하지 못해 썩은 토마토가 많은 나라들의 연합 단체)는 어때요?

유엔(UN)

세계에서 가장 영향력이 큰 협력 단체는 유엔(United Nations : 국제 연합)이에요. 유엔은 비록 법을 만들고 시행할 권리는 없지만 세계의 모든 나라가 회원으로 가입하고 있어요. 만약 유엔에 속한 나라의 정부가 자기 국민

을 마구 괴롭히거나 억울하게 죽인다면 다른 회원국들이 나서서 힘으로 막아 줄 수 있어요. 또 나라와 나라 사이에 다툼이 일어났을 때 평화 유지군을 파견할 수 있답니다.

진짜 나라로 인정받기

여러분이 만든 나라를 세상에 알리는 것과 다른 나라들에게 정식 나라로 인정받는 것은 다른 문제예요. 지금도 다른 나라들에게 정식 나라로 '인정'받기 위해 애쓰는 후보 나라들이 꽤 많습니다. 정식으로 나라를 인정받게 되면 다른 나라들과 외교 관계를 맺을 수 있고, 더 좋은 무역 관계를 맺을 수 있으며, 무엇보다 유엔에 가입할 가능성이 커진답니다.

정식 나라로 인정받으려면 어떻게 해야 할까요? 먼저 적절한 인구수를 유지하고, 정식 영토를 갖추고, 정부를 만들어서 나라의 기본 체계를 갖추면 돼요. 그러고 나서 진짜 나라로 인정받기 위해 다른 나라들을 열심히 설득해야 한답니다. 지금까지 잘해 왔으니 문제없을 거예요!

평화 지키기

많은 나라들 중에서 별로 마음에 들지 않는 나라도 있을 거예요. 잘난 척하거나 떠벌리기 좋아하고, 자기 국민을 제대로 돌보지 않아 마음에 들지 않을 수도 있겠지만 그래도 좋은 관계를 유지하는 것이 중요해요. 하나의 지구 안에서 함께 존재하기 때문에 섣불리 싸움을 일으키는 것은 별로 좋지 않거든요.

좋게 좋게 하려고 했는데, 이웃 나라가 너무 괴롭혀 도저히 참을 수가 없나요? 핵무기를 만든다고 협박을 하거나 여러분의 땅을 자기네 땅이라고 우기나요? 그럼, 당장 대포를 겨누고 그 나라를 공격할 건가요?

 아직은 아니에요. 그렇게 무시무시한 대포를 쏘기 전 '외교'라는 무기를 먼저 써 봐야 해요.

- **외교 무기 1** 악당 같은 이웃 나라에 대사를 보내서 좋은 말로 달래기
- **외교 무기 2** 그 나라를 설득해 문제를 해결하는 합의서 만들기
- **외교 무기 3** 중재자나 국제 재판소에 문제 해결을 부탁하기
- **외교 무기 4** 대화가 통하지 않을 경우 무역을 중단하거나 대화를 하지 않겠다고 선언하기
  (초콜릿이나 기름, 고무처럼 필요한 물건을 더 이상 보내지 않겠다고 하면 겁먹을 수 있음)
- **외교 무기 5** 유엔에 알려 평화 유지군의 도움 받기

전쟁은 싫어요!

외교로 평화롭게 해결하려는 시도가 모두 실패했다면, 이제는 정말 대포를 준비해야 할 수도 있어요. 그러나 진짜 무기를 사용하는 것은 맨 마지막 방법이어야 해요. 상대 나라가 먼저 쳐들어왔다면 몰라도 전쟁을 일으켜야 할 만큼 중요한 이유가 없다면 전쟁은 피하는 것이 좋거든요.

국민들도 위험에 처하거나 소중한 목숨을 빼앗기는 상황은 원하지 않아요. 또 여러분도 결국 다른 나라를 괴롭히는 못된 나라와 똑같아지는 거예요. 직접 부딪치기보다 다른 곳에 도움을 요청해 보세요. 특히 유엔에 알려서 평화 유지군의 도움을 받는 것이 가장 현명하답니다.

안녕, 한스 섬!

한스 섬은 북극에서 남쪽으로 약 1,100킬로미터 떨어진 바위투성이의 작은 섬나라예요. 워낙 외지고 멀리 떨어진 곳이라 아무도 살지 않는데 캐나다와 덴마크는 무척 탐을 내는 땅덩어리지요. 이 섬이 북서 항로*에 있어 섬 전체를 뒤덮은 얼음이 녹으면서 대서양과 태평양을 잇는 중요한 길이 될 가능성이 커졌거든요.

평소 좋은 관계를 유지하던 캐나다와 덴마크는 몇 년 동안이나 한스 섬을 놓고 옥신각신 실랑이를 벌였어요. 한쪽에서 먼저 깃대를 세우고 국기를 걸면 다른 한쪽에서 그 국기를 내리고 자기네 국기를 걸었지요. 두 나라의 군인들이 각각 정부의 대표단 자격으로 앞다퉈 섬나라를 방문하기도 했어요. 외교부 장관들은 한스 섬을 두고 열심히 토론을 벌였지만 합의를 이끌어 내는 데는 실패했어요.

그러다 2007년 7월, 캐나다 정부에서 한스 섬의 위성 이미지를 살펴보다가 섬의 한가운데에 경계선을 그었어요. 결국 한스 섬은 반으로 나뉘었고, 캐나다와 덴마크는 각각 욕실 매트만 한 크기의 땅을 차지하게 되었답니다.

*북서 항로
유럽에서 북아메리카 대륙의 북쪽 해안을 거쳐 태평양으로 나오는 뱃길.

청색 베레모가 나타났다!

욕실리아에서 키가 큰 사람들과 키가 작은 사람들 사이에 싸움이 벌어졌다면? 유엔의 평화 유지군 청색 베레모에게 도움을 요청해 보세요. 이들은 유엔에서 왔다는 것을 알리기 위해 '푸른 헬멧'으로 상징되는 청색 베레모를 쓰고 나타나요. 유엔 평화 유지군은 한 나라 안에서 일어나는 싸움에서부터 국경과 국경 사이에서 벌어지는 충돌에 이르기까지 모든 종류의 분쟁 지역에 파견돼요. 이들은 유엔에 속한 군인들이 아니라 전쟁보다는 평화가 중요하다고 믿는 유엔 회원국들이 보낸 군인들로 이루어진 군대랍니다.

용기백배 채우는 탈로사 왕국 이야기

여기 '탈로사(핀란드 말로 '집 안에'라는 뜻이에요)'라는 마이크로네이션을 만든 바비 매디슨을 만나 볼까요?

바비(탈로사의 로버트 왕)는 열네 살 때 미국 위스콘신 주 밀워키에 있는 자신의 방을 나라로 만들어 탈로사라고 이름을 지었어요. 덕분에 화장실을 갈 때마다 미국과의 국경을 넘어 다녔지요. 바비는 친구들을 설득해 국민으로 삼고 정부와 법률을 만들었어요. 또 2만 8,000개의 새로운 말을 만들었지요("듀 알레그라!"는 '좋은 하루 보내세요!'라는 뜻이에요). 프랑스에서 좀 떨어진 섬과 남극의 일부를 자기네 땅이라고 주장하기도 했어요.

탈로사는 지금도 남아 있지만 로버트 왕과 탈로사 국민 사이에 권력 투쟁이 벌어지는 바람에 지금은 탈로사 왕국과 탈로사 공화국으로 나뉘었어요. 진짜 나라들과 마찬가지로 탈로사도 계속해서 변화를 겪고 있답니다.

모든 준비는
끝났다!

완전히 새로운 나라를 만들었고, 당당히 세상에 알릴 준비가 되었어요.
한 나라를 세우고 다스리는 것이 꿈만 같나요?

지금까지 진짜 나라를 만든 어린이는 없었어요. 하지만 아주 어린 나이에 통치자의
자리에 오른 사람들은 꽤 있어요. 중국의 마지막 황제 푸이는 1908년에 두 살이라는
성숙한 나이로 왕위에 올랐고, 메리 스튜어트는 태어난 지 고작 6일 만에
스코틀랜드 여왕의 자리에 올랐어요. 이 밖에도 나이 어린 왕을 모신
나라가 꽤 많았답니다.

혼자 또는 친구들과 함께 나라를 만들거나 인터넷 세계에 사이버 나라를 만드는 건
무척 즐거운 일이에요. 하지만 국민을 잘 보살피고 돌봐야 한다는 것을 잊지 마세요.
국민은 나라에 꼭 필요한 자산이니까요. 만약 국민을 괴롭히고 그들이 원하는 것을
무시한다면 반란이 일어나서 여러분을 쫓아낼 수도 있어요. 반란이 일어나면
여러분은 매우 고통스러운 대가를 치러야 한다는 걸 꼭 기억하세요.

여러분은 분명 새 나라를 성공적으로 이끌어 갈 거예요. 만약 시간이 된다면
욕실리아에 꼭 들러 주세요. 욕실리아는 세면대 남쪽, 욕조 해안가에서
얼마 떨어져 있지 않아요. 여러분에게 욕실리아를 구경시켜 주고 평생 쓰고
남을 만큼 보푸라기 특산물을 선물할게요. 그날을 기다리며 만날 때까지 안녕!

욕실리아 독립 공화국을 소개합니다!

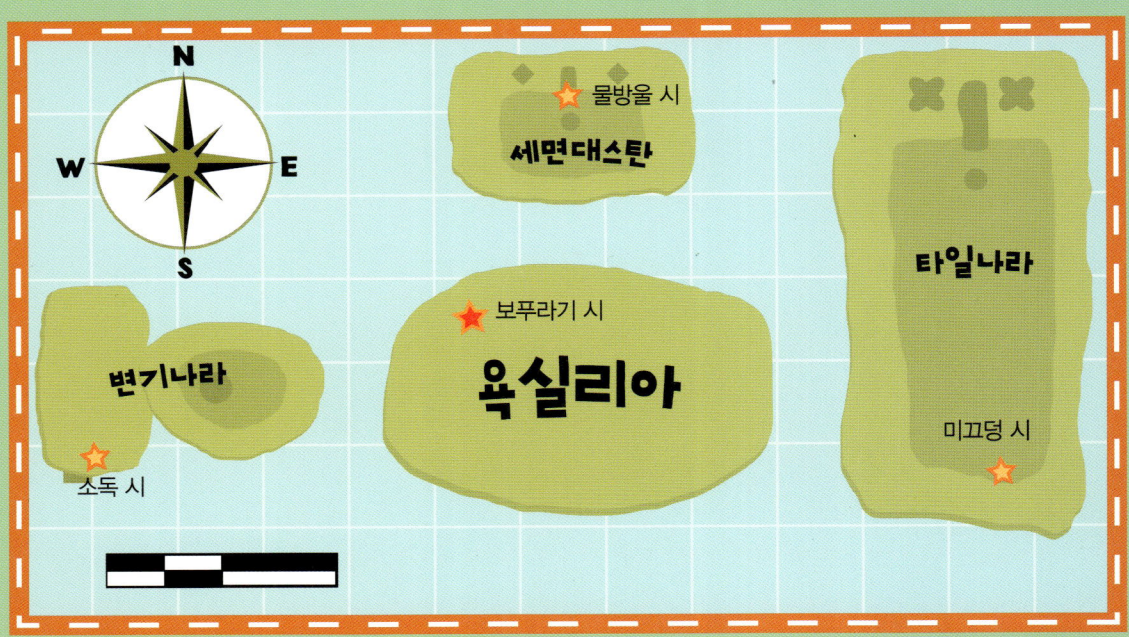

정부: 민주주의

크기: 0.000000000000001제곱킬로미터

수도: 보푸라기 시

인구: 3명(강아지 포함)

언어: 영어, 욕실리안어

통화: 보풀화

국내 총생산: 1인당 4만 8,212보풀(강아지는 제외)

건국 이념: 자유롭고 화려한 보푸라기

국기:

국가 공휴일: 깨끗이 씻는 날(6월 1일)

주요 생산품: 보푸라기

주요 수출품: 보푸라기, 행복

내가 만든 나라를 소개합니다!

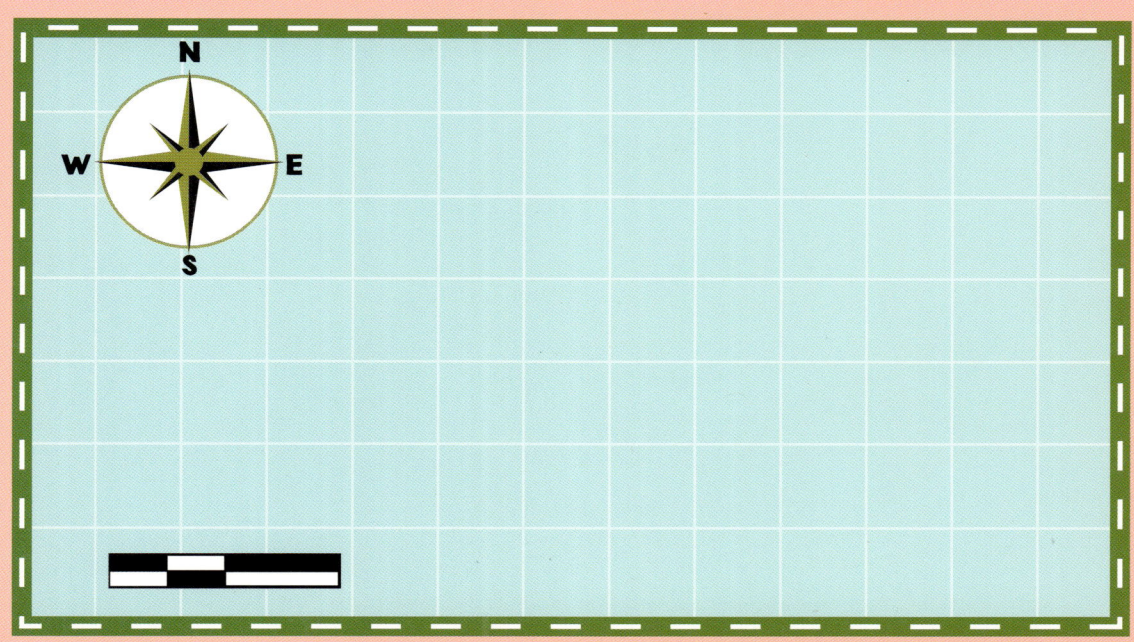

정부: _____

크기: _____

수도: _____

인구: _____

언어: _____

통화: _____

국내 총생산: _____

건국 이념: _____

국기: _____

국가 공휴일: _____

주요 생산품: _____

주요 수출품: _____

한눈에 보는 나라 만들기

나라가 세워지는 과정을 꼼꼼하게 따라가다 보면
어느새 나만의 나라를 뚝딱 만들 수 있을 거예요.
자, 지금부터 세계 최고의 강하고 부유한 나라를 만들어 볼까요?

돈 만들기

공휴일 정하기

1단계 새 나라 알리기

시작

3단계 이웃 나라 만나기

이웃 나라 둘러보기

땅 찾기

나라 이름 짓기

가장 평화로운 게으른스탄 제국

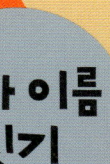

국민 모으기

국기 만들기

용어 설명

경제: 물건이나 서비스를 만들고, 나누고, 교환하고, 사용하는 모든 과정.

공국: 중세 유럽에서 큰 나라로부터 '공'의 칭호를 받은 군주가 다스리던 작은 나라.

공해: 정해진 주인이 없고 여러 나라가 함께 사용할 수 있는 바다.

공화국: 군주가 없고 주권이 국민에게 있는 나라.

국민: 한 나라에 살며 그 나라 안에서 일정한 권리와 책임을 갖는 사람.

난민: 안전이나 경제적인 이유로 자기 나라를 떠나거나 어쩔 수 없이 강제로 떠나야 하는 사람들.

뇌물: 어떤 직위나 권한이 있는 사람에게 개인적인 부탁을 하며 건네는 돈이나 물건.

대사: 나라를 대표해서 다른 나라에 가서 외교를 맡는 사람.

독립 공화국: 다른 나라에 속하지 않고 독립적으로 존재하는 나라로 주권이 국민에게 있음.

마이크로네이션: 정식 나라로 인정받지 못하는 나라로 크기도 매우 작고 때로는 거짓으로 만들어 낸 나라도 있음.

무역: 나라와 나라 사이에 물건을 사고파는 일.

민주주의: 국민이 직접 뽑은 대표들을 통해서 권력을 행사하는 정부 형태.

분리 독립: 한 나라의 일부였던 곳이 그 나라에서 떨어져 나오는 것.

선거: 국민이 자신을 대표하여 나라를 운영하는 데 필요한 여러 결정을 내릴 수 있는 대표자를 뽑는 절차.

세금: 국민이 정부에 내는 돈으로, 도로와 학교, 다리, 군대, 환경을 비롯한 공공 재산과 기관을 관리하는 데 사용함.

속국: 법적으로는 독립 국가이지만 정치나 경제, 군사 면에서 실제로는 다른 나라의 지배를 받는 나라.

식민지: 정치, 경제적으로 다른 나라의 지배를 받으며 국가로서의 주권을 잃어버린 나라.

여왕국: 여왕이 다스리는 나라.

연합국: 각자 자기 나라를 다스릴 권리가 있는 여러 나라가 같은 정치 이념을 바탕으로 연합해서 만드는 나라로 연방국과 같은 말.

영해: 한 나라의 영토에 붙은 바다로 그 나라의 통치권이 미치는 범위.

왕국: 왕이 다스리는 나라.

요새: 군사적으로 중요한 곳에 적의 공격을 막기 위해 만들어 놓은 튼튼한 방어 시설.

인민 공화국: 인민이 주권을 갖고 직접 혹은 대표 기관을 통해 주권을 행사하는 나라. 흔히 사회주의 나라에서 쓰는 말.

자치령: 한 나라의 일부에 스스로 통치할 수 있는 자치권이 부여된 지역.

정당: 같은 믿음과 정책을 따르는 사람들이 만든 단체로 오로지 한 개의 정당만 있는 나라 (중국)도 있지만 대부분 둘 혹은 그 이상의 정당이 겨루는 것이 보통임.

정부: 국민이 뽑은 대표들로 구성된 단체로 국민을 통치하는 기구. 입법부, 사법부, 행정부를 포함함.

제국: 황제가 다스리는 나라.

주권국: 다른 나라의 간섭을 받지 않고 주권을 행사하는 나라. 독립 공화국과 비슷한 말.

중재자: 어느 한 쪽으로도 치우치지 않는 공정한 위치에 있는 사람.

투자: 이익을 얻기 위해 어떤 사업이나 일에 돈을 대거나 시간과 정성을 쏟는 것.

투표: 국민을 대표하여 나라를 위해 정부에서 일하고자 하는 사람에게 표를 주는 것.

판결: 어떤 사건에 대해 잘잘못을 가려서 판단하고 결정하는 일.

헌법: 한 나라에서 가장 높은 법률. 또 정부를 이루는 조직들이 어떤 책임과 권력을 갖는지 결정함.

37쪽 퀴즈정답

가짜 법률은 ❸ 번!
나머지는 실제로 있었던 법률이에요.

토토 사회 놀이터
내가 나라를 만든다면?

초판 1쇄 2013년 12월 20일 | 초판 10쇄 2025년 2월 7일
글 밸러리 와이어트 | 그림 프레드 릭스 | 옮김 장선하
편집 박설아 | 디자인 권석연, 남경민 | 제작·마케팅 강지연, 강백산
펴낸이 이재일 | 펴낸곳 토토북 | 주소 04034 서울시 마포구 잔다리로7길 19, 명보빌딩 3층
전화 02-332-6255 | 팩스 02-6919-2854 | 홈페이지 www.totobook.com | 전자우편 totobooks@hanmail.net
출판등록 2002년 5월 30일 제2002-000172호 | ISBN 978-89-6496-171-1 73300

How To Build Your Own Country
Text © 2009 Valerie Wyatt
Illustrations © 2009 Karen Fredericks

Published by permission of Kids Can Press Ltd., Toronto, Ontario, Canada.
All rights reserved. No part of this publication may be reproduced, stored in retrieval system,
or transmitted in any form or by any means, electronic, mechanical photocopying, sound recording,
or otherwise, without the prior written permission of Toto Book Publishing Co.

Korean Translation Copyright © 2013 by Toto Book Publishing Co.
Korean edition is published by arrangement with Kids Can Press Ltd.
through Imprima Korea Agency.

이 책의 한국어판 저작권은 Imprima Korea Agency를 통해 Kids Can Press Ltd.와의 독점 계약으로 토토북에 있습니다.
저작권법에 의해 한국 내에서 보호를 받는 저작물이므로 무단 전재와 무단 복제를 금합니다.

잘못된 책은 구입하신 곳에서 바꾸어 드립니다.

제품명: 내가 나라를 만든다면? | 제조자명: 토토북 | 제조국명: 대한민국 | 전화: 02-332-6255
주소: 서울시 마포구 잔다리로7길 19, 명보빌딩 3층 | 제조일: 2025년 2월 7일 | 사용연령: 8세 이상
* KC 인증 유형: 공급자 적합성 확인   * KC마크는 이 제품이 공통안전기준에 적합하였음을 의미합니다.

⚠ 주의 책의 모서리에 다치지 않게 주의하세요.